DE
L'INTELLIGENCE HUMAINE
DANS SES RAPPORTS
AVEC L'ORGANISATION

Par Ph. PASSOT,

Docteur en Médecine de la Faculté de Paris,
Membre de la Société impériale de Médecine et de la Société d'Éducation de Lyon,
Secrétaire de la Commission des logements insalubres.

LYON.
TYPOGRAPHIE ET LITHOGRAPHIE DE J. NIGON,

Rue Poulaillerie, 2.

1864.

PUBLICATIONS DU DOCTEUR PH. PASSOT.

De la Disposition aux inflammations des membranes muqueuses.

Diverses Observations se rattachant à la Chloro-Anémie.

De la Salivation mercurielle provoquée comme moyen thérapeutique.

Des Logements insalubres, de leur influence et de leur assainissement.

Etudes et observations obstétricales.

Satire contre le Charlatanisme.

Rapport sur les travaux de la Commission des Logements insalubres de Lyon (1856 et 1857).

De la simultanéité de la Variole et de la Vaccine, et de leur influence réciproque.

Leçons d'un Instituteur pour disposer les enfants aux bons traitements envers les animaux (2 médailles d'argent ont été décernées à cet ouvrage, l'une par la Société protectrice de Lyon, et l'autre par celle de Paris).

Rapport sur la Méthode employée par M. Chervin aîné pour la cure du bégaiement.

AVANT-PROPOS.

Se plaçant à un point de vue exclusivement spiritualiste et méconnaissant l'influence de la *matière* sur l'*esprit,* quelques membres de la Société d'Education de Lyon, mais principalement M. L. G..., ont soutenu que les âmes, et partant les intelligences, étaient *originellement égales, et que la différence d'éducation, de travail et de volonté était la seule cause de leur inégalité.*

Une semblable proposition nous a paru tout-à-fait paradoxale, et, c'est pour la combattre que nous avons composé ce travail où nous examinons les questions suivantes :

1° Quel est l'organe de la pensée ?

2° Les localisations établies par les phrénologistes sont-elles fondées ?

3° *Les âmes ou les intelligences sont-elles originellement égales ?* en d'autres termes, l'âme d'un homme de génie et celle d'un imbécile sont-elles de même espèce ?

Oui, à son origine, une âme vaut une autre âme devant Dieu : il leur a donné à toutes le même *prix,* mais non la même *capacité.*

Nous devons constater ici que saint Augustin et saint Thomas d'Aquin, le plus grand théologien et le plus grand philosophe du moyen-âge, ont soutenu l'*inégalité originelle.*

M. l'abbé Girodon, professeur de théologie à la Faculté des Sciences, pense comme celui qui fut surnommé l'*Ange de l'Ecole*; il croit que l'inégalité originelle entre dans les vues de la Providence et que, sans cette *inégalité* et la *diversité* des intelligences, la Société ne serait pas possible.

Telle est aussi notre opinion : sous ce rapport il règne un accord parfait entre une science qui souvent plane dans les régions surnaturelles et la médecine qui doit toujours rester sur le terrain de la pratique et de l'observation.

Notre intention n'était pas de publier ce travail que nous avons lu à la Société d'Education, dans la séance du 30 juillet 1863; mais, comme M. L. G..., partisan sincère de l'*égalité originelle*, l'a vivement critiqué, soit dans son Rapport lu dans la séance annuelle du 27 janvier, soit dans ses notes communiquées, nous avons dû, quoique à regret, prendre le *public* pour *confident* et *juge* d'une querelle qui eût été prévenue si, moins exclusif, M. L. G... eût consenti à tenir un peu compte de l'*organisation* et à ne pas faire d'une question *accessoire*, — celle relative au cerveau du nègre, — la question *principale*.

Non, mille fois non, à culture égale, tous les terrains ne sont pas d'une égale fertilité, et la méthode d'enseignement universelle, plus connue sous le nom de *Méthode Jacotot*, qui repose sur ce paradoxe que toutes les intelligences sont égales, n'a jamais donné les résultats promis par son auteur. Aussi est-elle aujourd'hui à peu près abandonnée. Toutefois nous reconnaissons avec plaisir qu'elle est excellente pour favoriser le travail et l'émulation,

Lyon, le 10 février 1864.

I.

Quel est l'organe de la pensée ?

Le mot *intelligence* vient du verbe *intelligere*, comprendre, formé lui-même de *legere inter*, choisir entre, discerner. L'intelligence est avec la sensibilité et la volonté l'une des trois facultés essentielles de l'âme ; c'est par elle que nous pouvons apprécier l'importance d'un ou de plusieurs faits, en déduire les rapports et nous déterminer suivant les conséquences. Elle diffère essentiellement de l'*instinct*, en ce que celui-ci est marqué au sceau de la *fatalité*, tandis que celle-là est marquée au sceau de la *liberté*.

L'intelligence réside exclusivement dans le cerveau. Cette proposition est aussi ancienne que la science. « C'est par le cerveau, dit Hippocrate, que nous sommes fous, que nous délirons, que des craintes, que des terreurs nous assiégent... Les plaisirs, les joies, d'une part, les peines et les chagrins, de l'autre, ne viennent que de là. C'est par le cerveau que nous pensons, comprenons, voyons, entendons, connaissons le laid et le beau, le mal et le bien, l'agréable et le désagréable (1). (*De l'Epilepsie ou Maladie sacrée.*)»

---

(1) « Eademque ipsa parte et insanimus et deliramus, terroresque et metus nos circumstant.... Hacque parte sapimus et intelligimus, et videmus et audimus, et turpia et honesta cognoscimus, malaque et bona, itemque, quæ jucunda sunt et injucunda. » (Hippocratis, *de Morbo sacro*, caput VII.)

Aristote a dit, à propos de l'intelligence, que l'homme est le seul animal qui soit capable de réflexion, et qu'il est, de tous les animaux, celui qui a, relativement au corps, le cerveau le plus grand. A cette supériorité de volume, il attribua définitivement la supériorité d'intelligence.

(Voyez *Histoire des animaux*).

La science moderne prouve, en effet, que non-seulement le cerveau de l'homme est plus grand que celui de tous les autres animaux proportionnellement, mais même absolument ; seuls, l'éléphant et la baleine font exception à cette règle.

Dans un ouvrage intitulé : *De usu partium*, Galien démontre que l'âme raisonnable habite dans le cerveau. Très-bien ; mais son imagination en admet deux autres : une *sensitive*, qui habite dans le cœur ; une autre, *végétative*, qui habite dans le foie.

Plus de cinq siècles avant lui, Platon distinguait déjà plusieurs âmes et assignait à chacune un siége particulier : à l'âme raisonnable, le cerveau ; à l'âme irascible, la poitrine ; à l'âme concupiscible, le bas-ventre.

Sans doute que les passions portent leur influence sur la vie organique, mais c'est une grave erreur de croire qu'elles y siégent. On est confondu de voir un homme aussi judicieux que Bichat placer la peur dans l'estomac, la colère dans le foie, la bonté dans le cœur, la joie dans les entrailles. « Nullement, dit Hippocrate, le cœur et le diaphragme n'ont aucune part à l'intelligence dont le cerveau est l'organe exclusif. » En définitive, l'amour, la joie, la tristesse, la haine n'ont pas leur siége dans le cœur, mais dans le cerveau, aussi bien que les phénomènes intellectuels relatifs à l'attention, à la mémoire, au jugement. Il importe essentiellement de distinguer les parties où *siégent* les passions des parties qu'elles *affectent*. Quand on dit : un bon cœur, un cœur sensible ; la fureur circule dans les veines, la joie fait tressaillir les entrailles, il est évident qu'on parle au figuré, et que ce sont là de simples expressions métaphoriques.

Descartes, Willis, Lapeyronie, Haller, Sœmmering, Cuvier, Gall, etc., ont reconnu que le cerveau est le siége exclusif de l'âme, de la pensée, de l'esprit, de l'intelligence. Qui oserait supposer, aujourd'hui, qu'il pense avec un autre organe ? L'extrême petitesse du cerveau n'est-elle pas toujours accompagnée d'idiotisme ? Ne voit-on pas trop souvent un coup, une chute sur la tête, une inflammation du cerveau ou de ses membranes, produire de graves perturbations dans les fonctions mentales et même les abolir complètement ? Chez le nouveau-né, dont le cerveau est encore trop mou, pas de facultés. Celles-ci ne commencent à poindre et à se dessiner que lorsque la consistance des *circonvolutions* augmente avec l'âge. Que, par l'effet de la vieillesse ou de toute autre cause, le cerveau vienne à se ramollir, les éléments psychiques sont singulièrement modifiés.

Oui, toutes les observations faites sur l'homme et le règne animal prouvent que le cerveau est l'organe de l'âme, et que, sans le système nervo-cérébral, quelque rudimentaire qu'il soit, jamais on ne rencontre de phénomènes de sentiment ou d'intelligence.

Non-seulement le cerveau est le siége exclusif de l'intelligence, mais il l'est encore à l'exclusion des sens. Il n'y a de sensation que celle qui se fait dans le cerveau. La perte de la perception du goût, de l'odorat, etc., résulte infailliblement de la section de certains nerfs qui communiquent au cerveau. On sait que celui à qui on a coupé un membre pense encore y ressentir de la douleur bien des années après. C'est aussi l'entendement seul qui corrige l'erreur des sens : celle, par exemple, causée par un bâton qui paraît rompu dans l'eau. « Les corps mêmes, dit Descartes, ne sont pas proprement connus par les sens, mais par le seul entendement, et ne sont pas connus de ce qu'ils sont vus ou touchés, mais seulement de ce qu'ils sont entendus ou bien compris par la pensée. »

Condillac et Helvétius sont, sans contredit, les deux philosophes qui ont le plus exagéré l'influence des sens sur l'intelligence. Le premier, cependant, après avoir dit, dans son *Traité des Sensations*, que toutes nos connaissances et nos facultés viennent des sens, reconnaît qu'ils ne sentent pas, et que c'est l'âme seule qui perçoit à l'occasion des organes. Le second, dans son ouvrage intitulé : *De l'Homme et de ses facultés intellectuelles*, reconnaît « que la plus ou moins grande supériorité des esprits est indépendante de la plus ou moins grande perfection des sens. » En effet, bien loin de se développer en raison directe de l'intelligence, la plupart se développent en raison inverse. Ainsi, chez le quadrupède, l'odorat a plus de finesse que chez l'homme, et l'oiseau l'emporte sur le quadrupède par l'ouïe et par la vue. L'intelligence survit à la perte d'un ou de plusieurs organes des sens, tandis que la compression du cerveau qui abolit l'intelligence, les abolit tous immédiatement. En définitive, les organes des sens ne sont pas les organes de l'intelligence ; ils ne sont même organes des sens qu'autant que le *moi* existe. Dans l'épilepsie, dans l'apoplexie, où il y a perte complète de connaissance, les organes des sens ne sont-ils pas comme s'ils n'étaient pas ?

L'intelligence et la vie sont deux choses essentiellement distinctes, bien qu'elles aient entre elles la plus grande affinité et puissent s'influencer réciproquement.

La vie *organique* ou *nutritive* qui comprend la respiration, la circulation, la digestion, les sécrétions, etc., peut exister sans être accompagnée d'aucun phénomène psychique ou mental. Au contraire, jamais on n'a vu l'âme, la conscience, l'esprit, l'intelligence, se manifester en l'absence de la vie organique. Donc la vie *intellectuelle* suppose nécessairement la vie *organique*, tandis que celle-ci est indépendante de celle-là.

Avant Gall, on était encore dans une grande ignorance à l'endroit des fonctions du plus important de nos organes. Ainsi, Buffon ne considérait pas le cerveau comme le siége des sensations et le principe du sentiment, mais comme un simple organe de sécrétion et de nutrition. Il ne veut pas même qu'il soit du même genre que les nerfs. « Le cerveau, dit-il, n'a d'autre objet que de fournir la nourriture aux nerfs... ; il est aux nerfs ce que la terre est aux plantes. » Pinel et Esquirol, eux-mêmes, ces deux célèbres médecins aliénistes, croyaient que le siége de la folie était tantôt dans l'estomac, tantôt dans le foie et ses dépendances.

Mieux inspiré, notre regretté collègue, le docteur Brachet, a prouvé, dans un ouvrage couronné par l'Académie, que l'hypochondrie avait son siége et ne pouvait l'avoir que dans le cerveau.

On ne peut contester à Gall l'honneur de s'être dévoué à démontrer que le cerveau est l'organe de l'âme. Il a prouvé sans réplique qu'il est le siége exclusif des facultés intellectuelles et morales.

D'après M. Flourens, le principal mérite de Gall est d'avoir ramené le moral à l'intellectuel, la folie au même siége que la raison dont elle n'est que le trouble ; d'avoir retranché aux sens tout ce qu'on leur accordait de trop et restitué au cerveau toute l'étendue de son domaine.

Mais, quel est le siége précis de l'intelligence ? Gall, Spurzheim et tous les phrénologistes venus ensuite, professent que c'est l'encéphale, c'est-à-dire le cerveau pris en masse. M. Flourens (voyez *Recherches expérimentales sur les propriétés et les fonctions du système nerveux*) prouve que l'intelligence ne réside que dans les seuls hémisphères ou cerveau proprement dit. Les autres masses qui composent l'encéphale, comme le cervelet, les tubercules quadrijumeaux, la moelle allongée, y sont complètement étrangères. Tiedemann avait déjà établi, avant M. Flourens, l'indépendance de ces différentes masses cérébrales.

M. Flourens a démontré par ses expériences que le cervelet est le siége du principe qui règle les mouvements de locomotion; que les tubercules quadrijumeaux sont le siége du principe qui anime le sens de la vue, enfin que la moelle allongée est le siége du principe qui détermine les mouvements de respiration. C'est dans la moelle allongée que se trouve un point déterminé, ayant à peine l'étendue d'une ligne, dont la section est suivie de mort subite et que, pour cette raison, il a appelé *nœud vital*.

Les *hémisphères* seuls, et non l'encéphale pris en totalité, se développent en raison de l'intelligence. Écoutez ce que dit M. Flourens : « Les mammifères sont les animaux qui ont le plus d'intelligence ; ils ont, toute proportion gardée, e s hémisphères les plus volumineux ; les oiseaux sont les lanimaux qui ont le plus de force; ils ont, toute proportion gardée, le cervelet le plus grand ; les reptiles sont les animaux les plus lents, les plus apathiques ; ils ont le cervelet le plus petit. »

La fonction de chaque organe (cerveau proprement dit ou hémisphères, cervelet, nœud vital, tubercules quadrijumeaux) est propre, indépendante, exclusive, une. Cette proposition résulte des expériences de M. Flourens.

Il a retranché, soit par devant, soit par derrière, soit par le haut, soit par le côté, une portion assez étendue des hémisphères cérébraux, sans que l'intelligence soit perdue; il conclut avec raison qu'une portion assez restreinte de ces hémisphères suffit à l'exercice de l'intelligence. Mais, à mesure que ce retranchement s'opère, l'intelligence s'affaiblit et s'éteint graduellement.

Il a enlevé un lobe ou hémisphère entier sur plusieurs animaux, l'animal a survécu et n'a perdu que la vue du côté opposé, à cause de l'entre-croisement des deux nerfs optiques. Toutes les autres fonctions du cerveau, toutes les facultés, tous les sens ont été conservés. La conclusion, c'est qu'un lobe peut suppléer aux deux et que l'existence d'un organe double témoigne hautement de la sagesse et de la prévoyance de la Nature.

Un animal auquel il avait enlevé les deux hémisphères ou le cerveau proprement dit, a survécu plus d'une année, mais il avait perdu tous ses sens, toute son intelligence ; il était réduit à l'état de pur automate.

Un autre, auquel il avait enlevé le cervelet tout entier, a également survécu pendant plus d'une année, conservant ses sens et son intelligence ; mais il était réduit à l'état d'un homme ivre et qui ne peut plus régulariser ses mouvements.

Nous ne pouvons terminer la première partie de ce travail sans faire remarquer :

1° Que si l'on considère une série de cerveaux de mammifères, depuis le stupide rongeur jusqu'à l'animal le plus intelligent, le singe, le développement du cerveau correspond de la manière la plus exacte au développement de l'intelligence ;

2° Que le cerveau, soit dans les individus, soit dans les races, hommes ou animaux, ne présente ni le même nombre de *circonvolutions*, ni la même profondeur d'*anfractuosités*, et que les différences correspondent précisément à celles qui existent dans les manifestations de l'esprit.

Cette corrélation n'a pas échappé aux naturalistes. Les poissons, les reptiles et les oiseaux n'ont pas de circonvolutions cérébrales ; celles-ci sont peu visibles dans les classes inférieures des mammifères, mais le deviennent davantage à mesure que l'on remonte l'échelle zoologique.

II.

Les localisations établies par les phrénélogistes sont-elles fondées ?

Nous venons de voir que l'intelligence réside exclusivement dans le cerveau proprement dit ou les *hémisphères* (Flourens), et non pas dans tout l'*encéphale*, comme le pensent les phrénologistes.

Il s'agit maintenant d'examiner la question de l'*unité de l'intelligence*.

Chaque faculté a-t-elle dans le cerveau un organe spécial, ou bien ne faut-il admettre qu'une seule intelligence et qu'un cerveau ?

D'après Gall, chaque faculté est une *intelligence propre*.

« Il y a, dit-il, autant de différentes espèces d'intellect ou d'entendement, qu'il y a de facultés distinctes. » Il dit encore : « Toute faculté particulière est intellect ou intelligence. »

Gall fait dépendre les facultés diverses de certaines éminences du cerveau situées à sa surface. Suivant lui, le crâne étant exactement moulé sur la masse cérébrale, il en résulte que ces éminences ou *bosses* répondent aux *bosses* du crâne, ce qui lie la *phrénologie* à la *crânioscopie*. Telle bosse est l'organe de la bonté, telle autre est l'organe du meurtre, telle autre de la circonspection ; celle-ci est l'organe du calcul ou des mathématiques, celle-là de la vénération, etc., etc. Mais si les localisations établies par Gall n'ont pas de sens pour le cerveau, il est évident qu'elles ne peuvent en avoir pour le crâne.

C'est une chose curieuse de voir jusqu'à quel point les phrénologistes sont en désaccord les uns avec les autres. Gall inscrit sur le cerveau vingt-sept facultés; Spurzheim en inscrit trente-cinq. Vimont trouve fautives les localisations de tous les deux. Il dit positivement « que l'ouvrage de Gall est plus propre à induire en erreur qu'à donner une juste idée du siége des organes. » Pour lui, il ne reconnaît que vingt-neuf facultés, qu'il délimite gravement sur le crâne d'une oie; vingt-neuf facultés, au nombre desquelles se trouvent entre autres: le sens géométrique, la perception de la substance, le langage, le talent musical, la douceur, etc. « Tout cela sur le crâne d'une oie, dit M. Leuret à cette occasion; aussi n'y a-t-il pas si petite place qui ne soit occupée. Les facultés sont tellement pressées, que ce serait merveille d'en inscrire les noms sur le cerveau..... La merveille serait plus grande de les avoir découvertes... »

Gall ne veut qu'un organe de la religion, et Spurzheim en veut trois: l'organe de la causalité, celui de la surnaturalité et celui de la vénération. Gall trouve la bosse du meurtre dans les carnivores, mais cette même bosse se retrouvant dans les herbivores; il faut à cela une explication. Eh bien, Broussais va vous la donner. « C'est, dit-il, que les herbivores opèrent une véritable destruction des plantes. » Ce même Broussais, si célèbre à d'autres titres, a découvert l'instinct de la vénération jusque dans le mouton.

En voilà assez, en voilà trop pour montrer à quelles erreurs, ou plutôt à quelles extravagances peut conduire l'esprit de système.

On lit, dans l'éloge historique de Tiedemann par M. Flourens, l'anecdote suivante: « Pariset étant médecin de Bicêtre, Gall lui exprima le désir d'explorer les crânes des condamnés qu'on y renfermait alors. Le jour convenu, Pariset fait habiller en infirmiers une douzaine de ces criminels. Gall arrive ; Pariset lui propose, en attendant le déjeuner, d'examiner le crâne de ces prétendus infirmiers. Gall tâte en effet, et déclare qu'ils ne lui offrent rien de particulier.

« On déjeune. Gall demande de commencer enfin la visite trop différée. « *Elle est faite*, lui répond Pariset ; ces hommes que vous venez d'examiner sont les scélérats que vous désiriez voir. »

Une telle méprise de la part de Gall lui-même, ne prouve-t-elle pas que la faculté se trouve aussi souvent sans la bosse que la bosse sans la faculté ?

Chateaubriand raconte, dans ses *Mémoires d'Outre-tombe*, que Gall, qui ne le connaissait pas, dînant un jour près de lui chez Mme de Custine, se trompa sur son angle facial. « Quand il sut qui j'étais, il voulut raccommoder la science d'une manière dont j'étais honteux pour lui.... Si l'on pouvait rassembler les crânes divers des grands hommes morts depuis le commencement du monde, et qu'on les mît sous les yeux des phrénologistes sans leur dire à qui ils ont appartenu, ils n'enverraient pas un cerveau à son adresse : l'examen des *bosses* produirait les méprises les plus comiques. » Cependant, par l'effet d'une heureuse coïncidence, ils pourraient deviner juste quelquefois.

« Il est deux hommes, dit Béranger, que j'ai toujours combattus d'instinct : Gall et Maltus ; ce dernier est enfin repoussé chez nous : j'espère que, grâce à vos travaux, Gall va descendre aussi de son piédestal. »

(*Lettre* à M. Flourens.)

M. Flourens est, en effet, le plus fougueux des adversaires de la doctrine galliste ; il lui a porté des coups dont elle aura peine à se relever.

La phrénologie présente trop d'exceptions pour être une science, puisque les règles d'une science n'en présentent pas ; le système de Gall, tel du moins que l'entendait son auteur, est tout-à-fait empirique et ne supporte pas un examen sérieux. Il est absurde de prétendre qu'on peut lire, à première vue, sur une tête quelconque, les penchants, les vertus, les vices, les talents, etc., d'autant plus que la face externe du crâne est loin d'être moulée sur la face externe du cerveau, l'épaisseur des parties molles et celle des os variant infiniment. D'ailleurs, la base du cerveau présente autant de circonvolutions que sa convexité, et nous avons vu qu'un animal peut perdre toute la surface du cerveau, sans perdre aucune de ses facultés.

La doctrine de Gall mène directement au matérialisme le plus grossier, et partant au fatalisme le plus subversif.

« Imaginons, dit Gall, une femme dans laquelle l'amour de la progéniture soit peu développé.... si malheureusement l'organe du meurtre est développé, faudra-t-il s'étonner que de sa main....? nous n'avons pas le courage d'achever.

« Que ces hommes si glorieux, dit-il encore, qui font égorger les nations par millions, sachent qu'ils n'agissent point de leur propre chef, que c'est la nature qui a placé dans leur cœur la rage de la destruction. » On le voit, pour Gall et ses partisans, le penchant au meurtre et la rage de la destruction ont leur source dans la nature, dans l'organisation.

Pour Gall « la liberté morale n'est autre chose que la faculté d'être déterminé et de se déterminer par des motifs... » C'est, par conséquent, un *résultat passif* de la prépondérance d'un organe sur un autre organe. Erreur! erreur! Le libre arbitre est une puissance, une force et non un résultat. S'il y avait autant d'organes que de facultés, l'unité du *moi* n'existerait pas, et le *moi* est un, c'est là son premier caractère : c'est le même *moi* qui sent, qui pense et qui voit. Le *moi* est indivisible et les opérations des différentes facultés supposent nécessairement l'unité et la simplicité de leur principe. Si le libre arbitre n'était qu'un résultat, il ne serait qu'une chimère; il n'y aurait plus ni bien, ni mal, ni mérite, ni démérite : car, pour avoir du mérite à faire le bien, il faut avoir le pouvoir de faire le mal.

« La ruine de la liberté renverse avec elle tout ordre et toute police, confond le vice et la vertu, autorise toute infamie monstrueuse, éteint toute pudeur et tout remords, dégrade et défigure sans ressource tout le genre humain. »
(DIDEROT).

Sans doute que la liberté a ses limites et peut même ne pas exister dans tel ou tel individu qui n'a jamais fait le moindre effort pour l'acquérir ; mais, de ce que là où il y a liberté il peut y avoir aberration, il ne s'ensuit nullement qu'on doive admettre la pluralité des cerveaux et des intelligences. Hors le cas de folie, l'homme doit répondre de ses actes ; car les vérités *morales* ne sont pas moins absolues que les vérités *physiques* et *mathématiques*.

« On peut tout excuser maintenant (Chateaubriand, *Mémoires d'Outre-tombe*), lorsqu'on s'est écrié : Que voulez-vous ? c'était ma nature, c'était l'infirmité humaine. — Quand on a tué son père, on répète : *Je suis fait comme cela*. — Et la foule reste là, bouche béante, et examine le crâne de cette puissance, et l'on reconnaît qu'elle était *comme cela*. Et que m'importe que vous soyez *fait comme cela* ? Dois-je subir cette façon d'être ? Ce serait un beau chaos que le monde, si tous les hommes qui sont faits comme cela, venaient à vouloir s'imposer les uns aux autres. »

Non, il n'y a pas plusieurs intelligences et plusieurs cerveaux s'aidant, se contre-balançant, se combattant, s'annihilant les uns et les autres. Il n'y a qu'une intelligence générale et un seul cerveau parce que le moi est un et que c'est là, nous le répétons, son premier caractère. Quelle fantaisie d'admettre, comme Spurzheim, des facultés qui connaissent, des facultés qui réfléchissent, des facultés heureuses, malheureuses, etc !

Il n'y a *qu'une faculté dans l'âme, c'est l'âme elle-même*. L'attention, par exemple, c'est l'âme attentive ; le jugement, c'est l'âme produisant un autre acte. En un mot, chaque faculté est un mode d'action de l'âme, une véritable manifestation de sa puissance à divers degrés.

Le principe qui perçoit est un, et c'est grandement à tort que Gall conclut de l'indépendance des sens externes à l'indépendance des facultés de l'âme. Non-seulement ce principe est *un*, mais il est encore *identique*, et le *moi* qui sent et pense aujourd'hui, est le même qui sentait et pensait hier, qui sentira et pensera demain, dans six mois, dans un an.

Nous n'avons pas la prétention de fixer l'opinion sur la phrénologie qui compte, nous le savons, au nombre de ses partisans des savants d'un mérite réel ; mais nous avons dû, à propos de l'unité de l'intelligence, présenter et combattre la doctrine de Gall qui nie cette *unité* et qui admet la *pluralité* des cerveaux et partant des intelligences, contrairement au *sens intime* et à la *conscience*, contrairement à l'analyse psychologique et aux expériences physiologiques de M. Flourens, lesquelles prouvent que toutes les facultés et tous les sentiments se produisent dans un seul et même organe : les *hémisphères*.

La phrénologie, telle du moins que Gall l'entendait, doit donc être repoussée,

1° Parce qu'elle est la négation du *libre arbitre* et du *sensorium commune* ;

2° Parce que la plupart de ses *localisations* sont marquées au coin de la fantaisie ;

3° Enfin, parce que si la *cránioscopie* peut, jusqu'à un certain point, faire connaître le développement cérébral, elle est incapable de donner la mesure de l'*activité* et de la *qualité* des hémisphères.

Au reste, non-seulement il ne répugne pas, mais même il est logique d'admettre, d'après des faits pathologiques bien observés, que le cerveau, organe de la pensée, se compose de plusieurs parties correspondant à diverses facultés ; mais cette *diversité* ne détruit pas l'*unité* : un instrument peut être plus ou moins compliqué et, cependant, il ne forme qu'un seul et même instrument.

La liberté ! voilà la sève intellectuelle du cerveau ; les points que cette sève ne pénètre pas sont malades.

En vain les phrénologistes protestent contre les accusations qu'on leur adresse, on n'en continuera pas moins à regarder leur doctrine comme favorable au matérialisme et au fatalisme, comme subversive de la morale et de l'ordre social.

Nous passons à la troisième et dernière partie de ce travail, c'est-à-dire à la question de l'*inégalité originelle des intelligences*.

III.

Les âmes ou les intelligences sont-elles originellement égales ?

Un philosophe qui ne reconnaissait d'autre différence entre l'homme et la brute que la conformation des organes, Helvétius, dans un ouvrage intitulé : *De l'homme, de ses facultés intellectuelles et de son éducation*, pose en principe *l'égalité originelle des intelligences et la toute-puissance de l'éducation*. Qu'un *spiritualiste* exclusif soutienne un tel paradoxe, cela se conçoit, cela doit être ; mais qu'un *maté-*

rialiste pur comme Helvétius prétende que tous les esprits naissent égaux, en vérité, c'est ne tenir aucun compte de *l'organisation*, c'est être en contradiction formelle avec soi-même.

Loin de nous l'intention de combattre la loi de perfectibilité humaine (1), de contester au point de vue intellectuel et moral, l'influence d'un travail opiniâtre et de l'éducation. *Aide-toi, le Ciel t'aidera* : nous proclamons hautement la valeur de cette devise, mais nous en proclamons aussi les *limites*, sans avoir la prétention de les fixer. Nous avons admiré le beau travail de M. Rivet sur les *forces latentes* de l'âme humaine ; nous accordons à notre très-honoré collègue que ces forces cachées sont bien plus puissantes qu'on ne le suppose, en d'autres termes, que la volonté peut beaucoup, peut même immensément. Mais *vouloir n'est pas toujours pouvoir*. Nous protestons formellement contre la théorie de l'*égalité originelle des âmes ou des intelligences*. Non, les esprits ne naissent pas égaux ; s'il en était ainsi, la société serait impossible. Sans doute, il importe beaucoup de ne pas décourager un élève, sans doute il est d'une grande utilité de stimuler son zèle ; mais il n'est pas permis de le bercer d'espérances trompeuses, de lui faire croire qu'il peut être grand orateur, grand philosophe, grand poète, grand mathématicien ou grand compositeur, etc., s'il n'y a pas chez lui, qu'on nous passe cette expression, l'*étoffe* pour le devenir. Encourageons les efforts, mais gardons-nous de favoriser les déceptions.

On aura beau dire, on aura beau répéter, ce qui est vrai, que l'esprit comme le corps peut se fortifier, s'agrandir par l'exercice et l'étude, on ne prouvera jamais pour cela l'égalité originelle des intelligences. Au contraire, l'expérience démontre que, toutes choses étant égales

---

(1) Cette loi est loin d'être absolue : arrivé à un âge, variable suivant les individus, l'homme perd plus qu'il n'acquiert.

d'ailleurs, elles diffèrent essentiellement sous le rapport de l'étendue, de la pénétration et de la vigueur. Il y a plus, c'est que tel sujet ayant un travail plus opiniâtre et un maître plus habile, réussit souvent moins que tel autre qui n'en prend qu'à son aise, et sous un maître d'une valeur médiocre. Aussi ne dépend-il pas toujours d'un élève d'obtenir le premier rang, mais il dépend toujours de lui d'augmenter la somme de ses connaissances et de ses vertus.

Nous convenons que le *bon sens* ou la raison, cette source des idées simples et primitives, des *axiomes*, par exemple, qui n'ont pas besoin de démonstration, a été donnée *à égale dose* à tous les hommes, mais nous nions que l'*entendement*, cette force active qui produit les idées, soit *originellement égal*. Il y a des âmes froides par tempérament, des esprits faux dès la naissance, qu'on ne peut ni réchauffer, ni redresser.

L'éducation ne donne pas le talent, elle ne fait que le développer. Il existe des *dispositions* et des *aptitudes* spéciales, particulières et par-dessus tout naturelles qu'il est impossible de méconnaître. Si ces mots n'expriment pas une vérité, il faut les rayer du dictionnaire. Et la *vocation*, — question que votre Société mit naguère au concours, — ne résulte-t-elle pas souvent d'un goût et d'un penchant naturels *tout-à-fait indépendants* des circonstances ? Encore une fois, la volonté et les leçons de l'école sont de la plus grande importance, mais ne suffisent pas pour enfanter le génie : car le génie tient à une disposition naturelle de l'*organisation*. Le travail et l'étude peuvent en faire éclore le germe s'il existe, en perfectionner, en mûrir les fruits ; mais ces exercices ne le donnent point, il ne se transmet pas même du père aux enfants. Si une volonté ferme et énergique, un travail opiniâtre étaient capables de le produire, il ne serait pas si rare, ou plutôt combien il serait commun !

« La nature, dit d'Alembert, forme les hommes de génie comme elle forme au sein de la terre les métaux précieux, bruts, informes, pleins d'alliage et de matières étrangères. » De même qu'il existe des êtres disgraciés de la nature, de même aussi il en est d'autres qu'elle favorise, soit physiquement, soit moralement. Il en est qui naissent avec un cerveau plus parfaitement organisé et qui sont naturellement plus capables de méditer et d'accomplir de grandes choses, comme d'autres naissent avec un meilleur estomac, avec de meilleurs poumons, ou tel autre appareil organique plus vigoureusement constitué.

Citons quelques exemples :

Démosthène, malgré son éducation négligée et le vice de sa prononciation qu'il parvint, dit-on, à corriger en déclamant, la bouche pleine de cailloux, au bruit des vagues de la mer, devint le premier des orateurs grecs.

Thémistocle, enfant, ne peut dormir à cause des trophées de Miltiade.

N'était-ce pas un penchant irrésistible qui entraînait Ovide vers la poésie, puisqu'il a dit de lui-même :

> Quidquid tentabam scribere versus erat.

En vain son père, qui appelait les vers une occupation stérile et Homère un indigent, s'irrite, va même jusqu'à le frapper : poète, en dépit de lui-même, le fils demandait grâce dans la langue des muses, et c'était en vers qu'il s'engageait à n'en plus faire.

Boileau a dit avec raison :

> C'est en vain qu'au Parnasse un téméraire auteur
> Pense de l'art des vers atteindre la hauteur :
> S'il ne sent pas du ciel l'influence secrète,
> Si son astre en naissant ne l'a formé poète,
> Dans son génie étroit il est toujours captif ;
> Pour lui Phébus est sourd et Pégase est rétif.

Michel-Ange et Raphael, dès leur enfance, montrent pour le dessin des dispositions extraordinaires.

Le Poussin est déjà un grand peintre avant d'avoir vu de beaux tableaux.

Turenne, à dix ans, passe une nuit d'hiver sur un affût de canon.

Pascal, à douze ans, avec des *ronds* et des *barres*, arrive seul et sans livre jusqu'à la 32e proposition d'Euclide. A seize ans, il écrit en latin un *Traité des sections coniques*, qui fut admiré par Descartes.

Dès sa plus tendre enfance, Newton se fit remarquer par son goût pour les inventions physiques et mathématiques ; il voit une pomme tomber d'un arbre, et son génie découvre à l'instant cette force immense qui régit le monde : *la gravitation*.

Bossuet et Fénélon, à l'âge de quinze ans, étonnent les beaux esprits de l'hôtel de Rambouillet en prêchant, après une courte préparation, sur un texte donné à l'improviste.

Mozart étonne l'Europe par la précocité de son génie : à six ans il composait déjà et exécutait des *concerto*, à livre ouvert.

Vaucanson, enfant, devine le mécanisme d'une horloge. A l'âge de dix ans, à l'école de Brienne, Napoléon se faisait remarquer par une grande opiniâtreté de volonté et par une facilité étonnante pour les sciences exactes et les exercices militaires.

Et de nos jours, n'avons-nous pas vu le jeune pâtre sicilien Vito-Manggiamel, qui ne savait ni lire, ni écrire et, après lui, Henri Mondeux, résoudre instantanément les problèmes les plus difficiles et qui auraient fait pâlir d'effroi le plus fort polytechnicien.

Par contre, que de personnes qui, avec la meilleure volonté du monde, ne peuvent se soumettre à la fatigue des calculs, ni à la sécheresse des vérités mathématiques !

Nous avons connu en pension deux élèves, l'un dessinait instinctivement, l'autre sculptait du bois, du gypse, modelait de la terre glaise ; tous deux, nous le répétons, sans avoir jamais eu de maître : le premier est aujourd'hui professeur de peinture à l'Ecole des Beaux-Arts de Lyon, le second est l'auteur de la statue de saint Vincent de Paul qu'on admire sur la place de Châtillon-les-Dombes.

Que dire des demoiselles ou plutôt des fillettes Delépierre qui, dès l'âge de quatre ou cinq ans, étaient déjà des artistes consommées ? La patience et l'étude ont certainement développé chez ces deux enfants le génie musical, mais ne l'ont pas créé. Julia et Juliette ne tiennent-elles pas de leur père une disposition naturelle dont il est doué lui-même ?

Avec l'hypothèse des intelligences originellement égales, comment expliquer qu'une de ses facultés, *la mémoire*, varie autant selon les individus. Il en est qui ne peuvent rien apprendre ou qui n'apprennent que très difficilement, tant leur mémoire est ingrate.

Il est des exemples nombreux d'hommes remarquables par leur mémoire prodigieuse :

Thémistocle connaissait tous les noms des habitants d'Athènes.

Cyrus, roi de Perse, savait jusqu'aux noms de ses trente mille soldats.

Mithridate, qui commandait à vingt-deux nations différentes, parlait à chacune d'elles en sa langue.

Sénèque retenait jusqu'à deux mille mots de suite, les récitait dans l'ordre où il les avait entendus et pouvait même répéter à rebours plus de deux cents vers qu'on venait de lire.

Saint Jérôme parut un prodige de mémoire : il connaissait les langues latine, grecque, hébraïque, chaldéenne, persane, mède et les littératures de toutes les nations d'Orient.

Saint Augustin (*de animâ et ejus origine*) parle d'un de ses amis nommé Simplicius, qui récitait par cœur toute l'*Enéide* à rebours, ainsi que toutes les œuvres de Cicéron.

Le fameux Jean Pic de la Mirandole, dès son bas âge, apprit universellement toutes choses, au point de soutenir une thèse *de omni re scibili*.

Antoine Muret cite un jeune Corse, étudiant en droit, qui passait pour avoir le *diable au corps*, car il pouvait réciter exactement, du premier au dernier ou du dernier au premier, jusqu'à trente six mille mots grecs, barbares, décousus, insignifiants ou significatifs.

Faisons, si vous le voulez, la part de l'exagération qui règne dans ces faits, ils n'en sont pas moins frappants. Qui ne connaît les exercices de mémoire vraiment extraordinaires auxquels se livre M. Aimé Paris. En vain cherchera-t-on à les expliquer par l'art mnémonique. Sans doute que la mnémotechnie est un moyen qui a sa valeur, mais la manière de s'en servir avec fruit suppose déjà une très-grande mémoire.

Nous pourrions choisir toute autre faculté de l'âme que la mémoire et prouver qu'elle diffère aussi suivant les personnes.

Il y aura toujours les *pauvres d'esprit* dont parle l'Evangile : ne comptez pas sur eux, ni sur nous, pour composer le poème épique qui manque encore à la gloire de la France.

Tel peintre possède un remarquable talent d'imitation et *copie* admirablement, mais il manque d'imagination ; l'originalité lui fait défaut, il ne peut rien *créer*. Tel musicien *exécute* dans la perfection, qui est nul ou fort médiocre dans la *composition*. Celui-ci éprouve de délicieux transports à l'audition d'un bel opéra, tandis que celui-là, incapable d'en sentir les motifs, s'y ennuie profondément.

Chose remarquable ! ce furent justement de pareils contrastes qui frappèrent le docteur Gall et le mirent sur la voie du système des *bosses*.

Certes, en voilà assez pour prouver aux partisans d'une égalité chimérique, l'*inégalité originelle* et la *diversité* des intelligences ? A quoi tient cette inégalité ? Quelles en sont les causes ? Il est difficile, pour ne pas dire impossible, de toutes les apprécier. Mais il en est une principale, essentielle et qu'il est impossible de méconnaître : nous voulons parler de l'*organisation*.

Le cerveau humain étant le support du moral, l'homme sentant, pensant et voulant par le cerveau, il est certain que plus l'*instrument* sera bon, plus ses manifestations seront vives, énergiques et puissantes ; moins, au contraire, l'instrument sera bon, plus elles laisseront à désirer.

Voilà pourquoi le nègre avec son front fuyant, l'*élargissement et le reculement de son trou occipital, lesquels sont d'autant plus prononcés qu'on descend davantage l'échelle des mammifères*, son angle facial plus pointu et, par suite, le volume moindre du cerveau, n'aura jamais la supériorité intellectuelle de l'Européen.

On a élevé avec soin des nègres, on leur a donné la même éducation qu'aux blancs dans des écoles et des colléges, et, cependant, ils n'ont jamais pu pénétrer dans les connaissances humaines au même degré que ceux-ci. Les *sens brutaux*, les appétits physiques l'ont toujours emporté chez eux sur le *sens intellectuel*. Ils ont, autant que nous, les facultés du cœur, c'est-à-dire le sentiment et l'affection, mais leur langage, leur musique, leur religion, leurs institutions politiques, etc., tout, jusqu'à leurs guerres à coups de bâtons, démontre chez eux une notable infériorité de la pensée.

Le docteur Hunt, savant ethnologue, a lu, le 5 septembre 1863, devant l'Association britannique, à Newcastle, un travail sur la nature physique et mentale du nègre. Ses idées sont conformes à celles de M. Pruner-Bey, ethnologue d'une autorité suprême en ce qui concerne le nègre.

« Sa capacité, dit Pruner-Bey, se borne à l'imitation. *Sensualisme* et *repos*, telles sont ses impulsions dominantes. Nulle part le nègre ne montre quelqu'indice de progrès, si ce n'est lorsqu'il s'amalgame avec une race supérieure ; et, chaque fois qu'il atteint un certain degré d'élévation morale, il y a du *sang européen* dans ses veines.

Le cerveau du nègre est comparativement plus étroit que celui du blanc. Suivant Sœmmering, Ebel, Palisot, Virey, etc., il y a une différence d'un neuvième entre la capacité crânienne de l'un et celle de l'autre. A la vérité, cette proposition a été avec plus ou moins de raison contredite par Tiedmann, mais cela importe peu, et la question de l'inégalité originelle des intelligences reste absolument la même : car, parmi les nègres, tous ne sont pas également intelligents et Tiedmann, en discutant la *quantité*, n'a pas pu évidemment apprécier, par le scapel, la *qualité* cérébrale d'une race qui offre, comme chez les *Australiens* ou *nègres Papous*, le dernier degré de la laideur et de la stupidité (1).

C'est en raison d'un défaut de développement du cerveau, que les idiots et les crétins, dont, nous en convenons, l'éducation est possible jusqu'à un certain point, ne peuvent jamais franchir la distance qui sépare les idées *concrètes* des idées *abstraites*. Il en est même sur lesquels l'éducation ne peut guère modifier que les habitudes les plus repoussantes.

Le cerveau des idiots ne pèse guère que de 500 à 1,000

---

(1) En faveur de la pluralité des races, voyez dans la *Revue indépendante* du 1ᵉʳ janvier 1863, un article intitulé : *Des races humaines et de leur part dans la civilisation*, par le docteur Clavel.

Voyez aussi la note sur *les cheveux des nègres*, par M. le docteur Lortet (*Gazette médicale de Lyon*, 16 février 1864).

grammes, tandis que le poids moyen du cerveau de l'homme est de 1,540. Celui de Cuvier pesait 1,861 grammes.

La grandeur du cerveau humain donne-t-elle toujours la grandeur de l'intelligence ?

Telle est la question que s'est posée M. Wagner, professeur à l'Université de Gœttingue, et qu'il a résolue définitivement.

A l'autopsie de Pascal, on fut étonné de la grosseur de sa cervelle, mais on ne la pesa pas. Avant Wagner, les seuls cerveaux d'hommes illustres qu'on eût encore pesés étaient ceux de Cuvier, de lord Byron et de Dupuytren. Il en a joint cinq autres appartenant à cinq de ses collègues morts dans ces derniers temps : le chirurgien Fuchs, les deux célèbres mathématiciens Gauss et Lejeune-Diriclet, le philosophe Hermann et le minéralogiste Haussemann.

Il résulte de la comparaison et du classement, par ordre de poids, de 964 cerveaux appartenant tous à des hommes vulgaires, sauf les huit que nous venons de mentionner, il résulte, disons-nous, — et ceci est fort remarquable, — que Cuvier occupe le 1er rang et lord Byron le 2e ; Lejeune-Diriclet occupe le 94e, Fuchs le 115e, Gauss le 123e, Dupuytren le 177e, Hermann le 324e, Hausmann le 639e.

Le cerveau de	Cuvier pesait....	1861 grammes.
— — —	Byron —	1807 —
— — —	Diriclet —	1520 —
— — —	Fuchs —	1499 —
— — —	Gauss —	1492 —
— — —	Dupuytren—	1437 —
— — —	Hermann —	1358 —
— — —	Hausmann—	1226 —

(Voyez FLOURENS, *Examen de la Phrénologie.*)

Il importe ici de faire une remarque : Parmi les hommes vulgaires dont parle Wagner, plusieurs l'ont été par défaut absolu de travail et d'éducation, qui auraient certainement pu se distinguer si, chez eux, le *fond* avait été cultivé.

Bien que les hommes supérieurs aient, en général, le cerveau très-développé (M. Flourens en convient lui-même), les chiffres ci-dessus prouvent que d'un cerveau plus ou moins volumineux, on ne peut pas toujours conclure une intelligence plus ou moins grande : « C'est que, disait Galien à propos de l'organe de l'âme, la *qualité* y fait plus que la *quantité* ; c'est que de même que le chimiste est loin de pouvoir apprécier par l'analyse les qualités différentielles de l'air atmosphérique, de même il n'est pas donné à l'anatomiste de pénétrer dans la nature intime d'un organe aussi délicat et aussi merveilleux que le cerveau.

Est-il besoin de faire ressortir l'influence de l'*hérédité* sur le développement des facultés mentales ? N'est-il pas passé en proverbe que *bon chien chasse de race* ?

On hérite de la disposition à la goutte, à la gravelle, à la phtisie, à la scrophule et surtout à l'aliénation mentale, pourquoi n'hériterait-on pas également de certaines *aptitudes intellectuelles*, de certaines *dispositions* bonnes ou mauvaises ? Un homme très simple pourra produire un fils de talent, mais un imbécile n'engendrera probablement qu'un sot.

Le Tasse (Torquato Tasso) était fils de Bernardo Tasso, poète que les critiques du temps mirent au-dessus de l'Arioste lui-même.

Le père de Pascal était un magistrat distingué, passionné lui-même pour les mathématiques.

Vergniaux, le plus célèbre des orateurs de la Gironde, était fils d'un avocat d'un grand mérite.

Le prince de l'éloquence française, Berryer, descend d'un père qui fut lui-même illustre dans le barreau.

Horace Vernet, l'artiste national et populaire, descend de toutes une dynastie de peintres dont nos musées conservent les chefs-d'œuvre.

Nous n'en finirions pas s'il fallait citer tous les exemples qui prouvent l'influence dont nous parlons.

Toutefois, le génie ou le talent sont loin d'être toujours transmissibles. « Cela paraît tenir, dit Virey, à ce que l'exercice extrême de la pensée cause un immense épuisement des facultés. Aussi, est-il des pères qui semblent avoir enrichi leur fils de tout l'esprit dont ils n'usent pas.

> On dit qu'on n'a jamais tous les dons à la fois
> Et que les grands esprits, d'ailleurs très estimables,
> Ont fort peu de talents pour former leurs semblables.
>
> (DESTOUCHES, *Philosophe marié*.)

Il résulte évidemment de ce qui précède que les intelligences sont originellement inégales, et que la proposition contraire est un véritable paradoxe.

A ceux qui pensent d'après Platon, Origène, etc., que les âmes *préexistent* aux corps et que leur inégalité date de leur *incarnation*, nous répondrons qu'une pareille supposition ne peut pas et ne doit pas se discuter, médicalement parlant. Nous croyons, nous, que l'âme ne finit pas avec le corps, mais commence avec lui : *leur liaison*, dit Cuvier, *est par sa nature insaisissable pour notre esprit*. Nous croyons que le spiritualisme pur est aussi rétrograde que le matérialisme absolu est déplorable. La vérité est dans leur alliance, et l'éducateur doit tenir *le plus grand compte des dispositions* individuelles, des *aptitudes* particulières, en un mot, de l'*innéité* des facultés.

Pour rendre toute notre pensée relativement à l'influence que le *physique* exerce sur le *moral*, nous ne craignons pas d'avancer que si l'âme de Pascal, par exemple, n'eût eu pour instrument que le cerveau d'un crétin, Pascal n'eût été sûrement qu'un crétin.

En terminant, qu'il nous soit permis d'exprimer un vœu : celui de voir M. l'abbé Girodon, professeur de théologie à la Faculté des Sciences, publier le savant travail qu'il a composé sur l'*inégalité originelle des âmes.*

Dans cette question, nous faisons observer que, en étudiant les âmes,— abstraction faite des corps— et en les déclarant inégales, la théologie va beaucoup plus loin que la médecine qui ne les considère que dans leur union réciproque.

Voici les conclusions qu'on peut tirer de ce travail :

1° Toutes les facultés et tous les sentiments se produisent dans le cerveau proprement dit ou les *hémisphères*, et non pas dans *tout l'encéphale*, comme le pensent les phrénologistes ;

2° Il n'y a qu'une intelligence générale et un seul cerveau parce que le *moi* est *un*. L'hypothèse de la pluralité des cerveaux indépendants les uns des autres, détruit cette unité. La phrénologie, *telle que Gall l'entendait*, est tout-à-fait contraire à la conscience et aux expériences physiologiques, favorable au matérialisme et au fatalisme, subversive, enfin, de la morale et de l'ordre social ;

3° Les âmes *humaines* ou *incarnées* et partant les intelligences sont originellement inégales. Soutenir la proposition contraire, c'est se placer à un point de vue exclusivement spiritualiste, c'est méconnaître l'influence du physique sur le moral, c'est défendre un *paradoxe* ;

4° Cette inégalité s'explique moins par la différence de volonté, de travail et d'éducation, que par la différence d'*organisation*. Il y aura toujours des *cerveaux creux* et des *fruits secs*, même parmi ceux qui ont fait leurs études ;

5° La puissance du travail et de l'éducation étant *limitée et variant nécessairement suivant les individus*, l'éducateur doit tenir le plus grand compte des *dispositions* individuelles, des *aptitudes* particulières, en un mot de l'*innéité* des facultés. C'est là le meilleur moyen de *prévenir les fausses routes*.

En définitive, nous pensons que ce ne sont pas les *faibles d'esprit* qui sont susceptibles d'un grand travail et d'une grande application, mais bien plutôt, en général, les esprits *heureusement doués*.

Est-il des hommes qui aient plus travaillé que Démosthène, Cicéron, Cuvier, Frédéric Ozanam, etc., etc. ? En est-il un qui travaille plus que M. de Lamartine ? Il serait absurde de dire que sans le travail de leurs auteurs nous aurions les *Philippiques*, les *Catilinaires*, l'*Enéide*, le *Règne animal*, les *Études germaniques*, les *Méditations poétiques* ; mais ne jouons pas sur les mots : il serait non moins absurde de prétendre que toute intelligence *pourra, quand elle voudra*, créer des œuvres de cette valeur. Pour cela, il faudrait que tous les cerveaux, c'est-à-dire tous les *instruments* de la pensée fussent identiques.

Il n'existe pas, dit-on, dans la nature deux feuilles qui se ressemblent exactement : ainsi des intelligences.

L'ennui naquit un jour de l'uniformité.

Dieu, évidemment, n'a pas voulu s'ennuyer.

M. L. G... a certainement le droit de ne pas être de notre avis, mais il n'avait pas celui de *cribler* notre manuscrit d'annotations *peu séantes*, comme si notre manuscrit eût été une *copie* d'un de ses élèves, comme si M. L. G... avait en *physiologie* la même autorité qu'en *grammaire* (1).

Mais laissons à jamais ce fâcheux souvenir.

Et rappelons plutôt le banquet confraternel qui a eu lieu à la suite de la séance publique et solennelle où, dans son compte-rendu des travaux de la Société d'Edu-

---

(1) Ces notes *incroyables* nous ont causé une véritable stupéfaction.

cation, M. le Président s'est donné le plaisir facile de nous *éreinter*.

La cordialité la plus grande a régné parmi les nombreux convives.

Un toast à la Société d'Education, porté par son très honorable Président sortant, M. Guillard, a été *chaudement* applaudi.

M. Noguès, professeur de Sciences à l'école Saint-Thomas-d'Aquin (Oullins), — en des termes bien sentis, — en a porté un autre aux membres absents.

M. Chervin aîné avait composé, pour la circonstance, de fort jolis vers, dont les deux derniers (Et s'il fallait boire à tous les mérites, nous finirions par nous griser) ont chatouillé agréablement le petit amour-propre de chacun.

M. Bonjour, greffier de la Cour impériale, — bien connu pour sa belle voix, — a rendu, de la manière la plus *saisissante* et la plus *dramatique*, la parabole : *Lazare et le mauvais riche*, par G. Nadaud.

Des couplets *fort spirituels* ont été dits par M. Aimé Vingtrinier.

En voici le refrain :

Amis ! Président !
Quand je vous vois j'ai l'cœur ben aise,

Amis ! Président !
Quand je vous vois j'ai l'cœur content.

Enfin, nous aussi, nous avons osé *enfourcher Pégase*, qui, dans sa course vagabonde, nous a emporté au milieu des vices et des travers de la Société. Puisse l'éducation, toujours progressive, — arriver à les faire disparaître !!

Voici le tableau, — en raccourci, — qui résulte de l'excursion du pauvre poète :

    Le monde est une vaste scène
    Dont les hommes sont les acteurs,
    Leur raison n'est pas toujours saine,
    Ils sont tous dupés ou dupeurs ;
    Que de fats sans délicatesse !
    Que de sots pleins d'ambition !
    Courage, amis de la jeunesse,
    Cultivez l'éducation !

    Que de fourbes et d'hypocrites
    Sous un masque de probité !
    Combien de riches égoïstes,
    Qui contristent la charité !
    Que de gens, pétris de bassesse,
    Méritent le nom d'histrion !
    Courage, amis de la jeunesse,
    Cultivez l'éducation !

    A belles dents on se déchire ;
    Ils sont si nombreux les jaloux !
    Et puis, de son prochain médire,
    N'est-il pas un plaisir bien doux ?
    Toutes les marques de tendresse
    Ne prouvent pas l'affection :
    Courage, amis de la jeunesse,
    Cultivez l'éducation !

    On n'est pas ce qu'on voudrait être,
    Aussi, partout des mécontents ;
    A tout prix se faire connaître,
    Voilà le mal de notre temps
    Où pour le veau d'or la faiblesse
    Va jusqu'à l'adoration :
    Courage, amis de la jeunesse,
    Cultivez l'éducation !

Toujours éclairant l'ignorance,
Noire Déité des esprits,
Vous fécondez l'intelligence
Par vos leçons et vos écrits ;
Vous répandez avec largesse
Les bienfaits de l'instruction :
Courage, amis de la jeunesse,
Cultivez l'éducation !

Puissent les disciples candides,
Que vous façonnez au devoir,
Acquérir les vertus solides
Qui valent mieux que le savoir ;
Acquérir l'honneur, la sagesse,
Gages de paix et d'union :
Courage, amis de la jeunesse,
Cultivez l'éducation !

En vain Jacotot nous assure
Que les esprits naissent égaux,
Moi je crois qu'ils sont, par nature,
Les uns justes, les autres faux :
Ils ne sont pas de même espèce,
Suivant l'*organisation*,
Il faut, amis de la jeunesse,
Cultiver l'éducation.

Imprimerie NIGON, rue Poulaillerie, 2.

www.ingramcontent.com/pod-product-compliance
Lightning Source LLC
Chambersburg PA
CBHW060714050426
42451CB00010B/1444